La Luz dentro de Vosotros

Mensajes de paz
de los animales silvestres
a los humanos

"La profundidad del alma humana alberga fuerzas insondables, porque Dios habita en vosotros."

Francisco de Asís

Dagmar Lanscha

La Luz dentro de Vosotros

Mensajes de paz
de los animales silvestres
a los humanos

Título original: *Das Licht in Euch. Friedensbotschaften von Wildtieren an die Menschen*

© 2015 Dagmar Lanscha
Publicado originalmente en alemán en 2015
por BoD – Books on Demand, Norderstedt/DEU

La presente edición en castellano:
© 2016 Dagmar Lanscha

Traducción: Dra. Martina K. Pec

ISBN: 978-3-200-04670-2

Índice

Introducción

Este libro es un regalo de los animales a nosotros, los humanos. Usted verá como de conmovedores y profundos son los mensajes y lo que provocan si se toman en serio y se integran en la vida propia. Sólo así surtan pleno efecto.

Le deseo muchas experiencias sanadoras con estos mensajes.

De todo corazón,
Dagmar Lanscha

Introducción
de parte de los animales

La luz dentro de vosotros es capaz
de brillar,
de impulsar vuestra vida,
de vivir el amor y
vivir la veracidad.

Estos mensajes vienen de nosotros para vosotros, para que experimenten la paz, en vuestra vida.

Hace tiempo que habéis perdido la línea directa con la paz, ya lo sabéis.

Pues bien, podéis volver a acoplaros con la paz en vosotros, la luz dentro de vosotros, para vivir todas las promesas antes mencionadas.

A vuestra mente le sonará inimaginable que eso sea posible, ya que nadie parece estar viviéndola, esa paz. Pero las apariencias engañan.

Muchos humanos volvieron a encontrar la paz en su vida, consigo mismo, solo que se encontraron ahí fuera con muchas personas, circunstancias que les hicieron retroceder – por ahora ☺. Pero como a lo largo y ancho del mundo habían personas que creían en la paz, el amor y la veracidad en su vida, ahora muchos humanos pueden entrar en esta nueva esfera de conciencia para alcanzar la verdad.

Aquí os instruimos cómo podéis volver a encontrarla.
Con amor,
los animales

Mensajes de los animales
a los humanos

Volved a vuestras raíces,

a lo

que les constituye verdaderamente,

lo que es propio de vosotros,

vuestros talentos, vuestros dotes,

vuestro potencial,

volved a vuestro auténtico ser,

a lo que sois realmente.

Un ser divino,

encarnado en un cuerpo humano.

Esta es probablemente la única diferencia

con nosotros, los animales.

Vosotros en un cuerpo humano,

nosotros en un cuerpo animal.

No hay más diferencia.

Nuestra esencia es la misma.

En la profundidad de nuestro interior

somos iguales.

Nosotros los animales de todo el reino animal queremos decir algo respecto a los asuntos mundiales, dominados - en el sentido negativo - por el hombre. Es por ello que tenemos que tomar la palabra, que de otra manera no sería necesario.

Tal como los animales que viven cerca de vosotros (los animales domésticos) ya os han transmitido sus mensajes en el libro *Botschaften des Friedens – von den Tieren dieser Welt* (Mensajes de Paz - de los Animales de este Mundo, N. del T.), ahora también queremos hablar nosotros.

Con esto no se trata tanto de mensajes que se refieren a nosotros, sino de mensajes para abriros los ojos. Para que recordéis que somos todos un uno - un ser vivo, un organismo, compuesto por muchos órganos en el tejido divino, que actúan aquí en este planeta.

Cada uno des-empeña su papel, pero vosotros no lo hacéis. Muy pocos des-empeñan su papel, ocupan su lugar plenamente, toman SU sitio, el que les ha sido concedido por la vida. A casi nadie le importa. Creen que se las arreglan bien, pero la vida les hará ver, una y otra vez, lo erróneo de esa idea, hasta que despierten y se re-orienten, re-accionen. Ahora es necesario un retorno en vuestra mente, en vuestra actuación. Es destructiva - sumamente destructiva. Lo tendréis que estar notando vosotros mismos...

No os hace ningún bien, VUESTRA vida. "Va en contra de vosotros" - eso parece.

En realidad no va en contra de vosotros, sino "os indica" el camino correcto, el verdadero camino - VUESTRO camino - el que cada uno tiene que tomar por sí solo, para que el tejido divino en esta tierra no se descompense tanto porque algunos dirigen, actúan según las reglas del intelecto, el que predomina aquí en la tierra, en la vida de los humanos.

Y esta es precisamente la palabra clave: "predominio". Un exceso desproporcionado, desmesurado – fuera de equilibrio – simple y llanamente una demasía.

Nosotros os damos aquí lo que podemos daros, lo que tenemos para daros - AMOR. Tal como os lo merecéis. Tal como nos lo merecemos nosotros, como se lo merece toda vida. Porque el amor es el tejido de la vida - el auténtico. Pero está cubierto, ensuciado - este tejido de la vida - por ello ya apenas se puede identificar el verdadero tejido de la vida - el AMOR.

Acordaos de vuestro verdadero tejido de la vida - el amor. Entonces vuestra vida va a seguir su correspondiente curso.

La vida comienza a volverse bella para vosotros. Tal como está previsto en realidad. Crímenes y asesinatos no están previstos. Aún así ocurren - la vida se desarrolla contra las máximas, contra las reglas divinas. No importa la religión terrenal a la cual pertenecéis.

Debéis manifestarle a la vida si queréis retornar, os va a ayudar, os va a guiar a dónde os corresponde. Os va a asignar vuestro sitio, dónde os vais a sentir realmente bien.

Una sugerencia de parte nuestra: Tenéis que reflexionar sobre vuestra mente humana, con sus trampas que han provocado este "estar-demasiado-en-el-intelecto", en la cabeza, aquí en la tierra. Daros cuenta de lo que es, así podéis ir más allá.

La vida, tal como está prevista para vosotros, no es difícil, complicada. Es sencilla, no es de doble vía; está en la un-idad. Es simple. Estar en consonancia, eso también encaja bien aquí. Es sencillo. Es.

Gracias.

Mensaje
de una avispa

"El plan de construcción en la creación"

No tengo nada "clásico" que decirte – no te esperes nada "avispal" de mi. No me limites a "solamente" una avispa – a mi cuerpo externo que puedas ver. Sino conéctate con mi esencia, que es igual a la tuya. Así puedes conversar conmigo – por supuesto también sobre "cosas de avispas" (si así lo deseas). Pero aquí, hoy, para este libro, no les quiero comunicar nada "avispal". Más allá de mi, de mi especie, me preocupáis vosotros, queridos humanos.

Vosotros os habéis alejado tanto de la

naturaleza, de vuestra naturaleza, de vuestra esencia, que nos duele a nosotros, los animales, tener que pasar por esto con vosotros. Todos formamos parte del tejido divino, de este "organismo" que aquí en este planeta vosotros llamáis "vida". Cada uno gira la gran rueda, con todo lo que es y lo que está haciendo. Pero vosotros, los humanos, estáis tan lejos de "vosotros", de lo que sois de verdad, que por ello afecta al tejido en conjunto de la humanidad, del mundo animal - la fauna - y del mundo vegetal - la flora.

Todos percibimos si uno va contra sentido y no en la dirección "correcta", la apropiada que le corresponde "por naturaleza" - o sea por el "plan" divino. El plano de diseño, dentro de ti. Con este plan te puedes conectar, solamente tienes que quererlo y la fuente de todo ser, la vida, te lo revelará. Es así de sencillo.

Así vas adquiriendo cada vez más una idea de quién eres realmente, para qué has venido a esta tierra. Estás siempre conectado con la totalidad del Todo, lo que pasa es que muchas veces no lo sabes o no te lo puedes imaginar, no lo sientes. Pero ahora te digo como funciona lo de volver a este plan divino, encontrar este plano: te lo enseñarán, si así lo deseas. Solo tienes que expresarlo frente a la vida. Comunicárselo a la vida. Entonces la vida se encarga de que lo puedes reconocer. Es así.

Te deseo que te diviertes mucho des-cubriendo tu plano de diseño, literalmente, ahí encontrarás todo lo que necesitas para llevar una vida feliz y plena. Te deseo muchísimo que lo logres.

Namasté[1], con nuestro máximo aprecio por vosotros. Os amamos.

[1] Namasté

"Yo honro el lugar dentro de ti donde el universo entero reside.

Yo honro el lugar del amor, de la luz, de la paz, de la verdad y del saber dentro de ti

Yo honro el lugar donde, si tú estás en ese lugar tuyo, y yo estoy en ese lugar mío, somos solo uno."

(Mahatma Gandhi)

Mensaje
de una rana verde

"El mundo se ha descarrilado"

Gracias por permitirme hablar. No es algo evidente. Gracias.

Puede que no os agrade lo que tengo que decir, sin embargo os ayudará si escucháis bien, si sentís lo que voy a decir.

El mundo se ha descarrilado. ¿Quién eres tú?, ser querido, ¿QUIÉN ERES?

Cuando sabes quién eres TU, del mismo modo sabes quién soy yo, quienes somos los animales, quienes las plantas, los minerales, qué son todas las entidades aquí, en todo este universo.

Todos provienen del mismo origen, TODOS. Vosotros los humanos sois capaces de cambiar, dentro de vuestras condiciones, muchísimas cosas en este mundo, tal como os plazca. Lo nefasto del asunto es: Lo hacéis sin la contribución de vuestro corazón, la voz de vuestro corazón, la que os lleva continuamente por la vida, cuando volvéis a escucharla.

Ahí, en vuestro corazón se aloja vuestra esencia, vuestro auténtico ser, el que sois realmente.

Si os reconectáis con ese ser, el que sois, reconoceréis asimismo a todo y todos en vuestro entorno como lo que son, lo que son EN REALIDAD.

Un conocido filósofo en vuestro mundo humano lo ha expresado de la siguiente manera: "Se ve bien solo con el corazón, lo ESENCIA-L es invisible a los ojos". Ahí está la clave. Lo ha formulado con acierto - dice la verdad. Pero solo lo puedes entender, si lo elijes, si lo llevas a cabo - la vida desde tu corazón, desde la energía de tu esencia, la que te constituye en verdad.

Eres un ser divino, estás aquí en este planeta encarnado en un cuerpo humano. ¿Cuál es el plan para ti, tu misión aquí? "Solo" entenderás la auténtica y verdad-era misión si vuelves a tu esencia, a tu energía inherente, a tu "Quién Eres".

Mensaje
de un cocodrilo

"La luz dentro de vosotros"

La habéis olvidado, la luz dentro de vosotros. Está integrada en cada ser vivo - en la materia sutil de vuestro cuerpo. No la veis con vuestros ojos físicos, pero está ahí, en cada uno de vosotros – en cada uno de nosotros – en toda vida.

Esto es algo que sacude, traspasa vuestra visión del mundo, marcada por lo material. Va mucho más lejos. Ahí no llegáis con vuestro raciocinio. Es una experiencia que todavía no han vivido muchos en este planeta - hablo de los humanos.

Muchos sí, pero contando a los eones de este mundo, no muchos humanos todavía. Se está despertando nuevamente en los humanos, este ser-consciente - gracias a la creación.

Ha estado adormecido dentro de vosotros hasta ahora, siempre ha estado ahí – ahora es el momento, ahora puede prosperar, este saber de las cosas, de la vida - lo que es EN VERDAD.

Esta luz está dentro de vosotros, está ahí tanto si le prestáis atención como si no, pero vuestras almas quieren empujar hacia arriba, elevarse en su frecuencia energética, lo apruebe vuestra mente o no. Está pasando. Vuestras almas, vuestro QUIENES SOIS, no dejan que se les obstaculicen. Hacéis bien y lo tenéis más fácil si os dejáis llevar (voluntariamente) por la corriente de la vida, o sea por este movimiento que vuestras almas están siguiendo, de lo contrario se os hará - según vuestros criterios humanos, marcados por el intelecto - muy traumático.

Os podéis ahorrar este trauma si intentáis simplemente creerlo, creer que esta luz ESTÁ dentro de vosotros - literalmente.

Comienza a brillar cada vez más radiante si dirigís vuestra atención a ella. Mucho se está aclarando en vuestra vida. La oscuridad – el sufrimiento en vuestra vida - será cada vez más arrinconada, desplazada por la luz en vosotros. Con cada trocito de espacio que la luz ocupa en vuestra vida, viene el paraíso a la tierra. Así está previsto para vosotros, para todos nosotros. Así pasa a través de cada humano que se toma esta verdad de corazón.

Notáis el efecto, directamente en vuestra vida, si os volvéis hacía la luz dentro de vosotros. Pero para ello hace falta dar el primer paso, y solamente lo puede hacer cada uno de vosotros por sí solo - tomar la decisión a favor de una vida "llena de luz".

Mensaje
de un armiño

"El momento es ahora"

Queridos humanos, con tanto pensar en el pasado y el futuro, os olvidáis por completo ver lo que está ante vuestros ojos. Solo podéis cambiar vuestras vidas AHORA, lo que fue no podéis cambiar, sino lo que está por venir - la resonancia que vosotros queréis crear para el futuro - aquello podéis cambiar, pero solamente en el PRESENTE. ¿Entendéis? Ahora están rodando los engranajes en vuestras cabezas ☺. Qué bonito. Mirad un poco más allá de vuestras narices.

Es bello tener la oportunidad de hablar, tenemos tanto que deciros.

Cada especie animal, ya que es UNO CONSIGO MISMO, os puede transmitir estas sabidurías. Las especies animales que viven en vuestro entorno os pueden trasladar esta sabiduría - y lo harán, si vosotros pudieseis oírlas.

Vuestro oído, con el cual podríais oír estas voces, está taponado con la suciedad de este mundo, del mundo hecho por el hombre.

Vosotros poseéis este oído que podría percibir estas voces, pero ni siquiera sabéis dónde está, cómo encontrar el acceso. No son vuestras orejas físicas, no, no, son vuestras orejas interiores. ¿Sabéis como nos encanta que alguien nos "oiga" de esa manera? Nos libera enormemente.

Os amamos, porque vosotros formáis parte de nosotros. Solo que vosotros OS habéis olvidado.

Hace tiempo que estáis en una fase en la que vosotros OS olvidáis ... pero aun así, todo ha estado siempre dentro de vosotros, también ese oído, con el cual nos podéis oír.

Podéis volver a oírnos, si os limpiáis de la suciedad profana, de origen humano, la cual ofusca vuestros sentidos más finos, más afinados.

Pronto habrá una visión clara, si así lo queréis. Y este es el punto de-cisivo: SI LO QUERÉIS. Depende de vosotros, el quererlo – querer percibirnos. Querer escuchar la sabiduría de la vida. Este saber os llega desde vuestro interior - si así lo queréis. Pero no nos encontráis en el ayer o antes de ayer ni tampoco en el mañana o pasado mañana, sino en el HOY y aquí - a lo largo y ancho de este planeta.

Estamos aquí, todo el tiempo, pero con tantas cosas en vuestras cabezas, perdiéndose en el ayer o el mañana, no nos veis, no veis la vida alrededor de vosotros. Esto tiene que terminar, si no, no nos oís, no oís las sabidurías de la vida que os están esperando en todas partes - en cada animal, en cada piedra, en cada flor, en cada árbol, en vuestros niños, en vuestros prójimos, en vosotros... Estoy triste.

Mensaje
de una tortuga

"Un grave error"

En el entorno silvestre no vivimos en tanta cercanía con vosotros, los humanos. Os evitamos, a vuestra especie, porque la mayoría de las veces no tenéis "buenas intenciones" con nosotros. A muchos les falta el respeto frente a nuestra naturaleza – nos destripan, saquean nuestros huevos, nos "procesan", tal como lo "necesitan". Nadie nos pregunta. Los humanos solo toman. Piensan que todo es suyo. Que error fatal.

Hubo un tiempo – en una época en la que vosotros fuisteis más des-arrollados que ahora - en que los humanos se conectaron con los animales de una manera que hoy día ya no os resulta familiar. Vosotros podéis tomar de nosotros, siempre y cuando sea para el mayor bien de todos los involucrados, ¡pero no de otra forma! ¿Cuánto os habéis desviado de vuestras raíces, vuestras verdad-eras raíces?

Lo podéis apreciar en el grado en el cual os sentís unidos al resto de la creación.

Esta locura global, por la que vosotros, los humanos, estáis afectados, solo puede terminar cuando os juntéis con toda la creación, cuando os sintáis uno con ella.

Mensaje
de una gacela

"El ego humano"

La codicia y el poder, tampoco se detienen ante nuestros hábitats. Se extienden hacía el interior profundo de la naturaleza "salvaje", la que frecuentemente ya no lo es hace tiempo. Todo está controlado por los humanos - cada rinconcito. No obstante los humanos no se dan cuenta de que no pueden controlar. En realidad unos poderes superiores están dirigiéndolo todo.

¡Conectaos con ellos!, vosotros humanos, para que podáis volver a interactuar con ellos, con esos poderes supremos, los que desean solo lo mejor para todas las criaturas de este planeta.

Podéis seguir controlando, pensando que lo tenéis todo bajo control, pero cuántas veces os encontráis por la noche en vuestras camas sin poder dormir por miedo, porque sabéis perfectamente que no podéis controlar NADA.

Vosotros conocéis estos poderes que os superan inmensamente, pero vuestro ego humano lo agota hasta no poder más. Quiere ganar, a toda costa, quiere retener el control sobre vosotros.
Casi no podéis escapar, salvo que abandonéis el juego desenmascarándolo.

Familiarizaos con este tirano hecho por los humanos. Veréis que todo irá mejor, más ordenado, de forma allanada, más fiable, más alegre, más cariñoso, más afectuoso, más..., simplemente tal como debería ser, desde un punto de vista superior.

Mensaje
de un mirlo

"Lugares de paz"

Queridos humanos, cread lugares de paz en vuestra tierra, ahí donde estáis. Cread sitios donde uno se encuentre bien, se sienta como "en casa", se sienta arropado dentro de su corazón.

Vivid en semejantes lugares, fund-ad semejantes sitios, construid tales sitios... Sentid dónde quieren que se les construya, dónde quieren formarse. Conectaos con esa energía de los lugares de paz dentro de vuestro corazón. Sentid dónde quieren originarse y como. Así podéis estar seguros de que convenga a todos - al área donde quieren establecerse, a los animales y plantas que viven ahí y en el sentido más amplio también a los humanos que viven ahí.

Muchas veces los humanos no son conscientes de sus verdaderas necesidades, con lo cual no saben de su suerte que está adormecida dentro de ellos ☺ y dentro de todos los demás humanos a su alrededor. A menudo, los humanos que todavía no saben "de su suerte", reaccionan con una actitud defensiva - eso no debe perturbaros, si sentís en vuestro corazón que es lo correcto para vosotros.

Si vosotros sentís con el corazón y luego actuáis según ello, no podéis herir a nadie. Incluso si algunos humanos no lo entienden, será solo porque no están conectados con su corazón. Ya que de otra manera sabrían que no es necesario entender todo lo que hace el otro, pero sí se puede por lo menos sentir que lo hace impulsado por su corazón. Entonces todo lo demás no tendrá importancia.

Las comunidades de paz solo se pueden generar así – desde "humanos que sienten con el corazón". De este modo desaparecen toda clase de insultos, reproches o controversias. Cada uno sabe dónde está su lugar, si está conectado - dentro de su corazón - consigo mismo. Y ahí es donde uno también se da cuenta de la un-idad de todas las cosas, de toda vida y puede comprender, sentir por qué el otro hace eso o aquello - lo dicho, incluso si no lo entiende.
Ese afán de tener que en-tender-lo todo, con la mente humana, desaparecerá también.
¡Qué alivio!, puede que alguien esté pensando ahora, o tal vez incluso siente ese alivio ☺.

Mensaje
de una lombriz de tierra

"Una vida llena de sentido"

Vosotros humanos no tenéis ni idea de la labor que estamos haciendo aquí. "Sabéis" lo que veis en la superficie, pero no nos conocéis, reconocéis realmente.

Somos lombrices de tierra, sí, también nos habéis puesto un nombre en latín, vosotros científicos entre los humanos. Clasificáis grupos de nosotros - unos que hacen eso, otros aquello... Es correcto, es lo que vosotros observáis, pero hay mucho más.

Mucho no podéis explicar, mucho se queda siendo un misterio para vosotros – en la naturaleza en general. Para vuestra mente muchas cosas son un enigma, para vuestro corazón todo está claro. Ya que está conectado con nosotros. Es que vosotros no estáis en vuestro corazón, estáis domiciliados en vuestra mente – toda vuestra energía, toda vuestra identidad es una con vuestra mente. Por ello tanto misterio, pero no solo en nuestro ámbito, en todo el reino de la naturaleza.

No habría tanto enigma, no habría tanto sufrimiento entre los humanos, si vosotros os conectaseis con nosotros; nosotros os desvelaríamos tantas cosas para que os fuera más fácil. Todos nosotros, todo el reino de la naturaleza, quiere cooperar con vosotros. ¡Vosotros formáis parte del reino de la naturaleza, tanto como nosotros! Esto tiene que volver a entrar en vuestras cabezas.

Sí, tenéis este conocimiento dentro de vuestro corazón. En general, ahí se encuentra todo el saber que tiene importancia para vuestra vida, vuestra supervivencia aquí.

Nadie os lo dice, sobretodo no aquí en el mundo occidental. Aquí todos se han perdido en sus cabezas.

Id a vuestro corazón. Desenmascarad ese intelecto. Sabed cual es la diferencia. Conoced esta diferencia tan importante entre el corazón y la cabeza. Los dos se condicionan mutuamente.

En el corazón se encuentran los arquetipos de vuestra alma, ahí está vuestro centro sagrado, desde dónde podéis actuar, llevar una vida en paz, junto con toda la vida aquí.

Tenéis que conocer la diferencia entra cabeza y corazón. Entre Pensar y Sentir. Ambos son buenos, correctos, pero esa preponderancia de uno sobre el otro es peligrosa. Así vosotros ya no sentís, literalmente. Actuáis sin saber de las mayores consecuencias de vuestras acciones. "Solo" veis los efectos los que vuestra cabeza, vuestro raciocinio puede valorar, pero esto es bastante poco. Es extremadamente limitado – así no tenéis la visión, por ello tantas consecuencias de vuestras actuaciones os golpean como un puñetazo en la cara.

Todo eso os podéis ahorrar si actuáis desde vuestro corazón. Ahí están arraigados los arquetipos de vuestro alma, ahí es dónde entendéis el sentido de vuestra existencia, vuestro verdadero propósito - el ser que sois.

Trabajad en sintonía con vosotros mismos y no permitáis ciegamente que os dirijan desde fuera - a través de humanos que se han perdido en sus cabezas, provocando graves daños al mundo y a toda criatura.

Siempre medid vuestras acciones con el baremo de vuestro corazón, así no podéis fallar. Los resultados de ello siempre van a estar en concordancia, en sintonía con toda vida.

Así podéis actuar, ahora que lo sabéis. Aplicad

este saber, de otra manera es inútil, sin sentido. Tenéis todo lo que necesitáis dentro de vosotros, para poder llevar una vida con sentido. Todo. Mantened ojos y oídos abiertos, para que la vida os puede reconducir a vuestro corazón. Os guíe, si os dejáis guiar.

Mensaje
de una garza

"El amor en el corazón de los humanos"

El amor dentro de los corazones de los humanos – nosotros podemos verlo. Está encerrado, acorralado, aislado de su vida. No le está permitido subir a la superficie. Porque entonces los humanos no podrían controlar unas cuantas cosas, tal como suelen hacerlo.

El amor arrastraría consigo todo lo que no pertenece a la vida de los humanos, haría que se derrumbaran diques, para que el amor pueda volver a fluir, la vida pueda volver a fluir, la alegría, la paz, la esperanza - todo lo bello que podéis imaginaros y mucho más.

Vemos el amor dentro de vuestros corazones - está vegetando, quiere rebosarse, implantarse en la vida de los humanos. Ahí de momento no hay sitio para él, porque entonces los humanos tendrían que eliminar muchas de las estructuras que han creado para proporcionarles aparente seguridad, pero eso haría que ya no se sintiesen seguros, con lo cual no se permiten llegar tan lejos.

Vosotros os perdéis en estructuras exteriores de seguridad, hechas por humanos. No os dais cuenta de que no vivís realmente. No estáis vivos. No sois capaces de amar de verdad, de ilusionaros verdaderamente, de veraz, tal como se entienden amor y alegría - en realidad.

Estáis vegetando, pensáis que esa fuese la verdadera vida, y a los que os quieren mostrar una salida de vuestra miseria de vida, los castigáis, los regañáis, los maltratáis, para no tener que salir de vuestras estructuras "supuestamente" seguras. Pero estas estructuras no os proporcionan seguridad alguna, lo veis cada vez más, si os fijáis bien. Si os atrevéis. Para eso ya hay que reconocer mucho, siendo humano, si se echa una ojeada objetiva a esta vida, en la cual uno se ha perdido - literalmente.

Los hay, esos humanos valientes que han abandonado esa vida desolada. Los hubo siempre, los hay continuamente. Son humanos que están conectados con sus corazones, y así con la fuente de todo ser. Ellos están arraigados dentro de sí, se han encontrado a sí mismo, por ello están completamente independientes de la opinión de las masas, dentro de las cuales se pierden todavía demasiados humanos. Pero siempre se están despertando humanos, y cada vez más.

La vida de vosotros humanos se está volviendo más clara. Eso está previsto, tenéis ayuda. Vais a tener que daros cuenta de en que callejón sin salida os habéis metido; pero no tengáis miedo. La verdadera vida os espera. La VUESTRA, en su sentido auténtico.

Mensaje
de un pito negro

"El centro de oro"

Me alegro poder entregar este mensaje y acercaros el centro dorado dentro de vosotros. Nosotros, los animales, tenemos que, podemos actuar de maestros para vosotros, para que volváis a encontrar vuestro camino (el más) propio. Que bello que ahora podéis oírnos de esta manera. Hay muy pocos humanos que están tan conectados consigo mismo como lo estamos nosotros los animales y el resto de la naturaleza. Por ello escuchad bien, sentid estas verdades que vienen de nosotros, son verdades que os pueden "parecer" alienantes en un primer momento, pero solo lo parecen. Tal vez os sentís identificados con alguna cosa que os estamos diciendo. Notáis como la vida dentro de vosotros, la esperanza y la alegría vuelven a brotar. Es lo que queremos conseguir. Obtendréis la confirmación de nuestras verdades, si realmente profundizáis en ellas, reflexionáis sobre ellas.

Queremos reconduciros - a vuestro centro de oro. La "Edad de Oro" está en boca de todos - pero para que pueda prosperar se necesitan todavía diversas correcciones, por ejemplo los recuerdos de los humanos, los que se apropiaron del cetro de la vida aquí en este planeta.

Los humanos se han estancado en algo que no son ellos. Ahora pueden reconocer QUIENES

SON EN REALIDAD. Cada vez más, cada vez más tangible, cada vez más claro.

Nosotros, los animales, también queremos poner nuestro aporte, entre otras cosas con estos mensajes.

Para poder inaugurar la Edad de Oro, los humanos tienen que saber sobre su Centro de Oro en lo profundo de su ser.

El Centro de Oro en cada uno de vosotros humanos está unido a la fuente de todo ser, a la creación. Es uno con ella. Es inseparable de ella. El enfoque en el Centro de Oro os concibe la oportunidad a los humanos de ver las cosas como realmente son. Ver la vida como es de verdad y como está pensada.

Muchos humanos que no estaban conectados con la vida o no lo están, se dan cuenta de la total y absoluta falta de sentido en su vida momentánea, aquí en la tierra. No les llena, no les proporciona alegría, no les consuela, ni les da fuerza. Eso no está previsto desde un punto de vista superior. Lo han elegido los humanos al haberse aislado de su Centro de Oro en la profundidad de su esencia.

Tu condición, querido humano, está conectada con la fuente divina, con la fuente de todo ser, la esencia de toda vida. Así que, si te vuelves a conectar con tu propia esencia en lo más profundo de ti y la recuerdas, cada vez más segmentos que componen tu esencia fluyen - realmente - hacía tu vida actual - que de esta manera puede prosperar. De verdad.

Mensaje
de un camaleón

"El amor de pareja"

Vuestros corazones están tan contaminados con la basura de este mundo. Todo eso nada tiene que ver con la verdad.

Así, ¿cómo podrían formarse verdaderas parejas unidas por el corazón?

Cada humano lo tiene en sus manos, ya que ahora sabe de las cosas que se han mencionado aquí, de cambiar su vida seriamente, mejor fundament-almente – basarla en un fundamento nuevo. Basarla en el fundamento original de vuestro corazón - sobre la base de vuestra esencia construid vuestra vida. Ahí renace por sí sola, si os dejáis guiar.

Así vuestras relaciones de parejas pueden florecer, de momento están muy afectadas por vuestro propio sufrimiento en vuestro interior. ¿Cómo puede des-arrollarse verdadera felicidad con otra persona, si no está en el propio interior? Es un error en el que muchísimos humanos caen desde hace mucho tiempo. Están buscando la felicidad siempre fuera de sí, pero esto no funciona, queridos humanos. Está dentro de vosotros, la fuente de la felicidad.

Una vez des-cubierta, puede rebozar hacía el exterior y "atraer" a la persona idónea hacía vuestra vida, la que está destinada para vosotros, desde el punto de vista superior. ¿No es bello? Para ello se necesita paciencia y confianza frente a la vida, frente a vosotros, a que esto pase así. Querer tener algo, poseer algo… - es lo que se descarta entonces, cuando la verdadera fuente de la felicidad en el propio interior sea descubierta.

Y todo comienza...
con la luz dentro de nosotros

Brilla dentro de nosotros, esa luz, esa luz de paz. En todos los seres de la creación, así que también dentro de ti, querido humano.

Durante mucho tiempo los seres humanos han vivido por completo sin línea directa consigo mismo, con su verdadera naturaleza.

Las consecuencias de ello se hacen ver en la historia de la humanidad.

Pero ahora ha nacido una época para vosotros, los humanos, en la que podéis volver a acoplaros fácilmente a la fuente de todo ser, a la luz dentro de vosotros, para vivir la veracidad. Para vivir en paz con todos los seres que emanaron de la fuente de todo ser. No lo somos únicamente los animales. Se refiere a todo el reino de la naturaleza, del que vosotros formáis parte también, y a mucho más. Pero eso lo reconocéis automáticamente si mantenéis el contacto con vuestra luz interior, ininterrumpidamente – esto es importante.

La "luz" dentro de vosotros

El viaje hacía vuestra luz interior os lleva a través de muchas sombras dentro de vosotros. En este momento eso es "normal", pero va cambiando en cuanto comencéis a trabajar con la luz dentro de vosotros.

Un viaje hacía vuestra luz interior – a eso os queremos guiar:

Meditación - "La luz dentro de vosotros"

„En tu interior estás viendo un núcleo de luz brillante, capaz de traslucir todo lo que obstaculice tu camino para llegar a ser tu mismo, pero de forma cariñosa – no temas. Así, todo lo que pase es para el mayor bien de Todos. No tengas miedo. Puedes dejar que el miedo se vaya ahora. Aquí solo queríamos proporcionarte una vista previa de a dónde te

llevará "El Viaje". A tu núcleo de luz en tu interior.

Y precisamente de eso se trata si vosotros queréis entendernos a nosotros, a todos los demás, a las circunstancias en vuestras vidas y por supuesto a vosotros mismos. Vosotros estáis en primer lugar - cada uno, por si solo, tiene prioridad, eso tiene que ser así, porque solo desde un ser humano "sano" puede originarse algo "Grande", algo realmente Grande.

¿Estás preparado?

Entonces síguenos hacía tu núcleo de luz interior. Más adelante encontrarás el camino tu solo.

Dentro de tu corazón brilla una luz, no en tu corazón físico, sino en tu centro del corazón, en el centro de tu ser, a la altura del corazón. Brilla dentro de ti desde todos los tiempos y está preparado - hace tanto tiempo ya - para ser uno solo contigo, querido ser.

Todo está bien, tal como está, y ahora tienes la oportunidad, a través de tu intención, de entrar en contacto con tu luz interior, con la luz de tu alma, la que te ha estado esperando desde hace tanto tiempo.

Ahora está aquí. Delante de ti. ¿La reconoces?

¿La reconoces como la luz de tu alma? ¿El centro de tu alma? ¿Como la esencia de tu ser? ¿Como lo que tú eres?

Cuando eso pasa, la luz comienza a expandirse, a traslucirte a ti y a tus células físicas, paso por paso.

Tu cuerpo entero se trasluce, de la mejor manera que te haga el mayor bien. Tal como es favorable para ti. Para tu ser íntegro, el que tu eres, ser querido.

Aquí nosotros te podemos guiar, ser querido, porque somos uno con nosotros mismos, tal como la naturaleza también lo es. Esa luz inunda tu cuerpo, tu entorno; Todo lo que hay.
Y así, puede haber paz en la tierra, ya que tu luz es divina, como la nuestra también. ¿Entiendes?

La paz se expande, en todos los niveles de tu ser, en todos, y penetra en tu entorno – tu luz de paz, tu luz divina, la que tu eres. Por completo.

Tu luz interior brilla más clara, cuanto más frecuentemente la integras en tu vida. Hasta que lo eres por completo; un ser de divina claridad, aquí en la tierra.

Así el amor fluye en vuestra vida, queridos

humanos y la ilumina, para el mayor bien de Todos - nunca debéis olvidarlo.

Cuanto más veces acudís a la luz dentro de vosotros, más claridad habrá en vuestra vida; lo "veréis".

Vuestra vida va a brillar con una luz muy radiante, todo va a estar "claro" para vosotros, si os comprometéis - una y otra vez.

Hace falta vuestra disposición, para que pueda llegar a tener efecto en vuestra vida - surtir efecto. Solo entonces.
Y esa disposición se requiere una y otra vez, hasta que hayáis llegado plenamente en vuestra vida.

Entonces lo sabréis ☺.

Acerca de la autora

Mi nombre es Dagmar Lanscha. Nací en enero del 1980 en Mistelbach (Estado Federado Baja Austria).

Me estoy dedicando al ámbito de la sanación para humanos y animales desde el año 2000. Mi trabajo con la comunicación animal - el hablar con animales a nivel del alma - comenzó en 2004.

Desde entonces mi vida se ha enriquecido en gran medida, en todos los sentidos. A través de las muchas sabidurías de vida que he recibido por parte de los animales, mi vida se ha convertido en una mucho más clara, más animada, con más cariño y más alegría.

Estoy profundamente agradecida a los animales por sus revelaciones, que ya han traído tanta luz a mi vida y a la de muchas personas.

En 2013 se publicó mi primer libro en alemán, *Botschaften des Friedens – von den Tieren dieser Welt* (Mensajes de Paz - de los Animales de este

Mundo, N. del T.) por la editorial Ch. Falk, con muchos mensajes - principalmente de animales domésticos - para los humanos.

El título original en alemán de la presente traducción de mi segundo libro - *Das Licht in Euch. Friedensbotschaften von Wildtieren an die Menschen* - se publicó en 2015 por la editorial BoD.

Para más información acerca de mis libros y mi trabajo visite mi página web

www.dagmarlanscha.com